Armin Täubner

HAPPY HALLOWEEN!

Partydekorationen aus verschiedenen Papieren

frechverlag

Von Armin Täubner sind im Handel weitere Titel erhältlich. Hier eine Auswahl:

TOPP 2096

TOPP 2338

5008

5009

TOPP 1830

5014

Fotos: frechverlag GmbH + Co. Druck KG, 70499 Stuttgart;
Fotostudio Ullrich & Co., Renningen

Dieses Buch enthält:
1,5 Vorlagenbogen

Auflage: 5. 4. | Letzte Zahlen maßgebend
Jahr: 2002 2001 2000 1999

ISBN 3-7724-2366-3 · Best.-Nr. 2366
Druck: frechverlag GmbH + Co. Druck KG, 70499 Stuttgart

In der Nacht vor Allerheiligen, dem 1. November, geht es nicht mit rechten Dingen zu. Denn in dieser Nacht treiben Hexen, Geister, Kobolde und noch viele andere gespenstische Gestalten ihr Unwesen. Diesen alten, noch von den Kelten stammenden Brauch brachten irische Einwanderer mit in die USA. Dort ist Halloween ein tolles Fest für Kinder, die sich an diesem Tag schaurig verkleiden, von Haus zu Haus ziehen und den Erwachsenen, die ihnen keine Leckerei geben wollen, Streiche spielen. Und auch bei uns wird dieses Fest immer öfter gefeiert.

Damit auch bei Ihnen eine stilechte Halloween-Party steigen kann, benötigen Sie außer guter Laune nur noch einige der in diesem Buch gezeigten Dekorationsvorschläge aus den verschiedensten Papieren. Ob Sie sich für Gespensterkarten, -girlanden oder ein Tischset, für Kürbisgeister auf Steckern oder Karten, die Gebrüder Frankenstein, Fledermäuse als Trinkhalmstecker oder allerlei schaurige Masken entscheiden, liegt bei Ihnen. Aber das ist sicher: Mit diesen schaurig-schönen Partydekorationen kommt unter dem Motto „Happy Halloween!“ garantiert Stimmung auf.

KÜRBISGEIST-LATERNE

Diese Laterne kann sowohl als Tisch- als auch als Stocklaterne gearbeitet werden. Sie können aber auch am oberen Rand vier Löcher einstechen, durch diese zwei Drahtbügel durchstecken und daran die Laterne aufhängen.
Schneiden Sie das Gesicht nur in die Vorderseite oder auch in die Rückseite. Das Mittelteil ist ein 50 cm langer und 16 cm breiter Kartonstreifen. Ritzen Sie das Mittelteil beidseitig jeweils 1 cm vom Rand entfernt mit Cutter und Lineal an (Strich-Punkt-Linien). Nun werden vom Rand bis zu den geritzten Linien Kerben eingeschnitten. Drehen Sie das Mittelteil um, und klappen Sie die Randzacken nach oben um. Markieren Sie die Mitte, und befestigen Sie einen Kerzenhalter oder ein ausgebranntes Teelichtschälchen. Vorder- und Rückseite können noch mit schwarzen Linien verziert werden, bevor sie mit weißem oder gelbem Transparentpapier hinterklebt werden. Kleben Sie die umgeklappten Zacken des Mittelteils an das Vorderteil. Zwei Pfeile markieren, wo der erste bzw. der letzte Zacken angeklebt wird.
Für die Stocklaterne schneiden Sie aus dicker Pappe ein Quadrat (5 cm x 5 cm) aus. Sie können auch sechs Tonkartonquadrate aufeinander kleben. Durchbohren Sie die Mitte, und legen Sie noch eine Unterlegscheibe (ø ca. 1 cm) auf, bevor Sie einen Nagel mit breitem Kopf durchstecken. Ein Rundholzstab (ø ca. 2 cm) wird an einem Ende mit der Bohrmaschine angebohrt, bevor der Nagel samt Pappquadrat angebracht wird. Kleben Sie das Pappquadrat an die Laternenunterseite.

So werden Schablonen angefertigt

1. *Pausen Sie alle Motivteile ohne Überschneidungen nebeneinander mit Bleistift auf weißes Transparentpapier ab.*
2. *Kleben Sie das Transparentpapier auf einen dünnen Karton.*
3. *Schneiden Sie die Teile aus. Das sind Ihre Schablonen.*

GESPENSTER AM LAUFENDEN BAND

(Anleitung Seite 8)

GESPENSTER AM LAUFENDEN BAND

(Abbildung Seite 6/7)

Fertigen Sie zuerst eine Schablone des Motivs an.
Nun schneiden Sie einen 12 bzw. 16 cm breiten und 50 cm langen, weißen Tonpapierstreifen aus.
Falten Sie den Papierstreifen im Zickzack in Motivbreite (9,8 cm bzw. 10,3 cm). Legen Sie die Schablone auf den zusammengefalteten Papierstreifen, und zeichnen Sie den Umriß mit Bleistift nach.
Sie können die Schablone aber auch bündig an ein Ende des Papierstreifens legen, die Kontur mit Bleistift nachfahren und dann den Papierstreifen im Zickzack falten. Achten Sie darauf, daß die Unterkanten beim Falten stets übereinander liegen.
Damit beim Ausschneiden nichts verrutscht, klammern Sie den gefalteten Papierstreifen mehrfach außerhalb des Motivs zusammen.
Je weniger oft der Streifen gefaltet ist, desto einfacher ist das Ausschneiden. Beginnen Sie am besten mit wenigen Faltungen, und schneiden Sie das Motiv mit dem Cutter aus. Achten Sie auf eine geeignete Schneideunterlage.
Abschließend entfalten Sie das Band und zeichnen die Gesichter mit einem feinen, schwarzen Filzstift auf.

MACH DOCH MAL DAS FENSTER AUF!

Sind die Schablonen angefertigt, werden ihre Umrisse mit Bleistift auf weißen bzw. schwarzen Tonkarton übertragen. Schneiden Sie die Teile aus, und kleben Sie das Gesicht sowie die Zähne auf den Totenkopf.
Schwarze Filzstiftlinien werden auf Zähne und Handknochen gemalt.

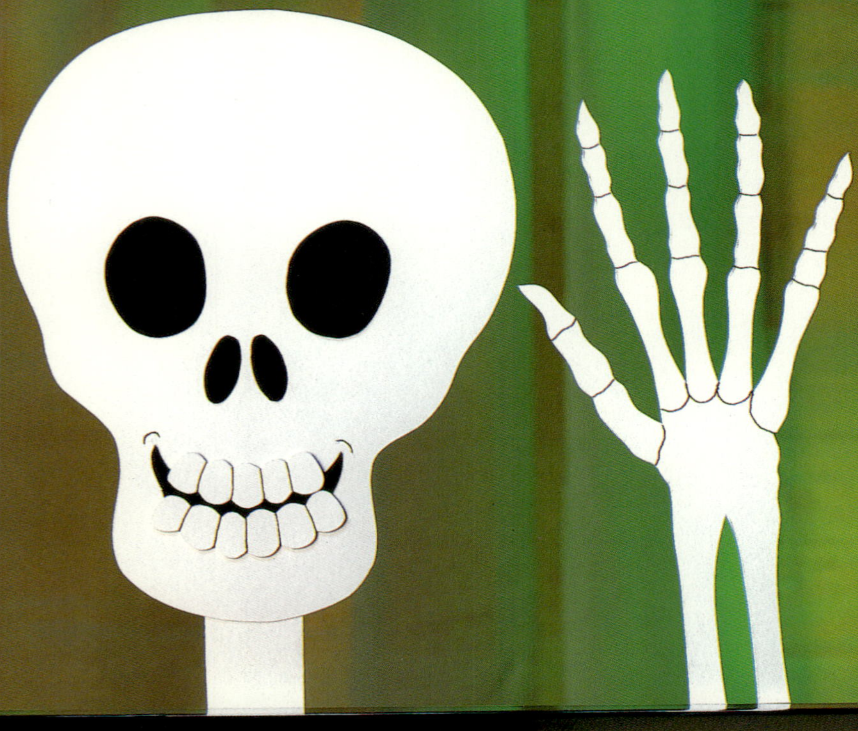

Kürbisgeister

(Abbildung Seite 11)

Die Kürbisgeister lassen sich vielseitig als Halloween-Dekoration einsetzen. Sie können auf der Tischdecke angeordnet oder an Fäden aufgehängt werden. Wenn Sie die Kürbisgeister als Stecker einsetzen wollen, kleben Sie die ausgeschnittenen Köpfe auf schwarzen Tonkarton und schneiden die Umrisse nochmals mit der Schere nach, bevor Sie sie auf Holz- oder Drahtstäbe kleben. Schließlich können auch noch Karten mit den Köpfen verziert werden. Die Karte wird aus einem Kartonrechteck (24 cm x 12 cm) zu einem Quadrat (12 cm x 12 cm) gefaltet. Die weiße Schreibfläche mißt 11 cm x 11 cm.

Fledermäuse laden ein

(Abbildung Seite 12)

Diese Fledermäuse können entweder als Einladungskarten verwendet oder auf Tisch oder Fensterbank aufgestellt werden.
Übertragen Sie den Umriß der Fledermausschablone mit Bleistift oder einem weißen Buntstift auf schwarzen Tonkarton. Die Fledermaus wird ausgeschnitten und der Mund mit dem Cutter eingeschnitten. Die Augen sind zwei weiße Klebepunkte (ø 12 mm), auf die mit Filzstift die schwarzen Pupillen aufgemalt werden. Mit einem weißen Lackstift tupfen Sie die Nasenlöcher und die Lichtpunkte auf den Augen auf.
Drehen Sie nun die Fledermaus um. Mit Lineal und Cutter oder Scherenspitze werden die beiden senkrechten Strich-Punkt-Linien angeritzt. Jetzt können die Flügel nach vorne umgeklappt werden.
Die weiße Bauchfläche wird beschriftet, bevor sie auf den schwarzen Rumpf geklebt wird.

FLEDERMÄUSE LADEN EIN

(Anleitung Seite 10)

KÜRBISKÖRBCHEN

(Anleitung Seite 14)

KÜRBISKÖRBCHEN

(Abbildung Seite 13)

Fertigen Sie von allen Teilen Schablonen an. Hinzu kommen noch die Schablonen für die Bodenplatte (13 cm x 13 cm) und für den Bügel (40 cm x 4 cm).
Die Umrisse der Schablonen werden mit Filzstift auf die glatte Rückseite der Wellpappe übertragen. Doppelpfeile auf dem Vorlagenbogen markieren den Verlauf der Wellenstruktur.
Die Bodenplatte benötigen Sie einmal, die Seitenteile viermal. Möchten Sie einen Bügel anbringen, benötigen Sie diesen einmal. Die Anzahl der Kürbisse können Sie selbst bestimmen.
Schneiden Sie die Teile mit der Schere oder mit dem Cutter aus. Schneideunterlage nicht vergessen!
Ritzen Sie die vier grünen Seitenteile auf der gewellten Seite entlang der gestrichelten Linien mit Cutter und Lineal an. Die schmalen Randstreifen werden nach hinten umgeklappt.
Kleben Sie den unteren Randstreifen eines Seitenteils (mit einem schwarzen Punkt markiert) von unten an die glatte Seite der Bodenplatte. Die drei anderen Seitenteile werden ebenso befestigt. Klappen Sie die Seitenteile nach oben, und kleben Sie sie zusammen.
Erst jetzt werden der Bügel und die Kürbisse angebracht.

TRANSPARENTE KÜRBISGEISTER

(Abbildung Seite 15)

Stellen Sie zunächst eine Schablone her. Für den runden Rahmen verwenden Sie am besten einen Zirkel. Ein Kreuz markiert die Einstichstelle.
Legen Sie die Schablone auf schwarzen Tonkarton, und zeichnen Sie die Konturen mit einem Bleistift oder mit einem gut gespitzten, weißen Farbstift nach.
Schneiden Sie das Motiv aus. Wenn Sie das Fensterbild beidseitig arbeiten wollen, schneiden Sie es doppelt aus. Damit die herausgeschnittenen Flächen gut sichtbar sind, legen Sie das Fensterbild auf eine helle Unterlage. Nun wird das Seidenpapier auf die erste Fläche gelegt. Beim Nachziehen des Umrisses muß ringsum ein Kleberand berücksichtigt werden. Bestreichen Sie die schmalen Kartonstege mit Klebstoff, bevor Sie die ausgeschnittene Seidenpapierfläche auflegen.
Die Rückseite können Sie abschließend aufkleben.

DRACULA LÄSST GRÜSSEN

Kleben Sie das Haarteil und die Fliege auf den grünen Kopf. Anschließend werden die zweiteiligen Augen angebracht. Zeichnen Sie den Mund leicht mit Bleistift vor, bevor Sie ihn mit Filzstift nachziehen. Dann werden die Zähne aufgeklebt. Die Nasenlöcher sind schwarze Klebepunkte (ø 8 mm).

GEBRÜDER FRANKENSTEIN

(Anleitung Seite 18)

Gebrüder Frankenstein

(Abbildung Seite 17)

Der obere Kopf besteht aus weniger Teilen als der untere. Ihm fehlen die Lider und die Brauen, und anstelle der halbrunden Pupillen werden schwarze Klebepunkte (ø 18 mm) angeklebt. Auch muß er auf einige Zähne verzichten.
Mund, Kinn, Narben, Trennlinien am Ohr und Bartstoppeln werden mit Filzstift aufgemalt. Die Nasenlöcher sind schwarze Klebepunkte (ø 8 mm), sie können aber auch aufgemalt werden.

Ein Fledermaus-Cocktail gefällig?

(Abbildung Seite 19)

Für die Glasaufstecker falten Sie ein schwarzes Tonkartonrechteck (24 cm x 12 cm) in der Mitte zu einem Quadrat (12 cm x 12 cm). Legen Sie die Schablone (halbe Fledermaus) so auf das Kartonquadrat, daß die gestrichelte Mittellinie der Fledermaus genau auf der Faltkante liegt. Zeichnen Sie den Umriß mit Bleistift nach, und schneiden Sie die Fledermaus aus. Vergessen Sie den Mund nicht.
Die Augen sind zwei weiße Klebepunkte (ø 8 mm), auf die mit einem schwarzen Filzstift die Pupillen aufgemalt werden.
Damit Sie die Fledermaus auf ein Glas aufstecken können, wird der Rumpf zwischen dem Schwanz und den Hinterbeinen auf beiden Seiten 2 cm tief eingeschnitten.
Wie das Fledermaus-Band gearbeitet wird, können Sie auf Seite 8 nachlesen. Für das Band verwenden Sie die Schablone der ganzen Fledermaus.

Kürbisgeist-Masken

(Abbildung Seite 20)

Die Konturen der Schablone werden auf gelben oder orangefarbenen Tonkarton übertragen. Schneiden Sie die Maske aus. Für das Herausschneiden des Gesichts verwenden Sie am besten einen Cutter. Schneideunterlage nicht vergessen! Mit einem feinen, schwarzen Filzstift können noch die Linien und Strukturen aufgemalt werden. Die Löcher für die Gummikordel stanzen Sie mit einer Lochzange aus.

KÜRBISGEIST-MASKEN

(Anleitung Seite 18)

DREI UNGEHEUERLICHE MASKEN

Übertragen Sie die Konturen der Schablone auf Tonkarton. Nun wird die Maske ausgeschnitten. Für das Herausschneiden des Gesichts verwenden Sie am besten einen Cutter. Schneideunterlage nicht vergessen! Die Löcher für die Gummikordel stanzen Sie mit einer Lochzange aus.

KÜRBISSE AUS WABENPAPIER

Fertigen Sie von allen drei Teilen Schablonen an.
Legen Sie die kleinste Schablone auf grünen Tonkarton und die größte auf gelben Tonkarton. Ziehen Sie die Umrisse mit Bleistift nach, und schneiden Sie die Teile aus.
Die mit dem Pfeil versehene mittlere Schablone wird auf gelbes Wabenpapier gelegt. Das Wabenpapier besteht aus mehreren Lagen dünnen Papiers, die durch parallele Klebelinien zusammengehalten werden. Die gerade Seite der Schablone liegt bündig zum Rand auf dem Wabenpapier, und die Klebelinien verlaufen parallel zum Pfeil auf der Schablone. Zeichnen Sie den Umriß der Schablone auf das Wabenpapier. Direkt daneben wird der Umriß der Schablone noch einmal aufgezeichnet. Schneiden Sie beide Teile mit der Schere aus.

Nehmen Sie ein Wabenpapierteil, und bestreichen Sie die gerade Kante mit Klebstoff. Nun wird dieses Teil mittig auf das gelbe Tonkartonteil geklebt. Die Ränder des Wabenpapiers stehen einige Millimeter über. Ist der Klebstoff getrocknet, kann das Wabenpapier zu einer Halbkugel geöffnet und an beiden Seiten angeklebt werden.
Kleine Wäscheklammern halten die Klebestellen zusammen, bis der

Klebstoff trocken ist. Das zweite Wabenpapierteil wird ebenso auf der Rückseite angebracht.

Zum Schluß befestigen Sie noch den grünen Tonkartonstiel.
Sie können auch Tischkarten mit Kürbishälften verzieren. Die abgebildete Tischkarte ist ein gelbes Tonkartonquadrat (18 cm x 18 cm), das in der Mitte angeritzt und gefaltet wird.

KÜRBISGEIST MIT HUT

(Abbildung Seite 25)

Auf die weiße Feder kleben Sie die schwarze Spitze. Eine schwarze Linie deutet den Kiel an. Die Feder und das rote Band werden am Hut befestigt.
Auf den Hut kleben Sie nun den orangefarbenen Kürbis. Es folgen die Haare. Das Gesicht wird zum Schluß aufgeklebt. Augen, Mund und Nase setzen sich aus einem großen, schwarzen Teil (gestrichelte Linie) und einem kleinen, gelben Teil (durchgezogene Linie) zusammen.

AUSRITT AUF DEM HEXENBESEN

(Abbildung Seite 26)

Sind die Umrisse der Schablonen auf Tonkarton übertragen und die Teile ausgeschnitten, wird zuerst die Mondsichel an die Wolke geklebt. Stechen Sie an der oberen Mondspitze ein Loch ein, knüpfen Sie einen Faden an, und befestigen Sie daran die Hexe. Eine Fledermaus wird an der unteren Mondspitze angebunden.
Die beiden anderen Fledermäuse werden auf die Wolke und den Mond geklebt. Zur Herstellung der Geister siehe Seite 30.

GESPENSTER BITTEN ZU TISCH

(Abbildung Seite 27)

Fertigen Sie von allen Teilen Schablonen an. Die Umrisse werden auf weißen bzw. schwarzen Tonkarton übertragen und ausgeschnitten.
Hand und Auge werden doppelt benötigt. Die schwarzen Gesichtsteile kleben Sie auf den Gespensterkopf, die Hände legen Sie auf das Besteck.
Die gespenstische Tischdekoration können Sie noch mit Geisterbändern, -tischkarten und -steckern erweitern.

AUSRITT AUF DEM HEXENBESEN

(Anleitung Seite 24)

GESPENSTER BITTEN ZU TISCH

(Anleitung Seite 24)

HALLOWEEN-GIRLANDEN UND STECKER

Bei den Schablonen für die Stecker lassen Sie die rechteckigen Verbindungselemente und die beiden kleinen Löcher weg.
Legen Sie die Schablone auf die glatte Rückseite der Wellpappe. Ein Doppelpfeil auf dem Vorlagenbogen markiert den Verlauf der Wellenstruktur. Zeichnen Sie die Konturen mit einem Filzstift nach.
Es folgt das Ausschneiden mit dem Cutter. Achten Sie auf eine geeignete Schneideunterlage.
Die beiden kleinen Löcher werden mit einer Lochzange ausgestanzt. Verbinden Sie die Kürbis- und Rübenköpfe mit Musterklammern.
Für die Stecker kleben Sie die Köpfe auf Holz- oder Drahtstäbe.

Geisterstecker und -Karten

(Abbildung Seite 31)

Die Umrisse der Schablonen werden auf weißen Tonkarton übertragen. Schneiden Sie die Geister aus, und malen Sie die Gesichter mit einem feinen, schwarzen Filzstift auf. Die Geister kleben Sie entweder auf Draht- oder Holzstäbe, oder Sie verzieren mit ihnen Karten. Für die Karte falten Sie ein schwarzes Kartonrechteck (18 cm x 26 cm) in der Mitte zu einer Doppelkarte (18 cm x 13 cm). Die weiße Schreibfläche ist 17 cm x 12 cm groß.
Für die Tischkarte wird ein Kartonrechteck (11,5 cm x 14 cm) auf 11,5 cm x 7 cm gefaltet. Der Geist wird an der gestrichelten Linie angeritzt und umgeklappt. Unterhalb der geritzten Linie wird Klebstoff aufgetragen und der Geist von hinten an die Tischkarte geklebt.

Lachende Kürbis-Geister

(Abbildung Seite 32)

Die fröhlichen Kürbisköpfe können Sie sowohl als Einladungskarten als auch als Fensterbilder verwenden.
Für ein Fensterbild werden bis auf die Augen alle Teile einmal ausgeschnitten.
Für die Karte schneiden Sie den Kürbis zweimal aus. Einen Kürbis ritzen Sie mit Cutter und Lineal entlang der Strich-Punkt-Linie an und klappen das Oberteil um. Dieses umgeklappte Oberteil kleben Sie auf den zweiten Kürbis. Die Karte kann nun auf- und zugeklappt werden. Jetzt erhält der Kürbis sein Gesicht.
Schreiben Sie den Text auf das weiße Schriftfeld, bevor Sie es in die Karte kleben.

Timo

LACHENDE KÜRBIS-GEISTER

(Anleitung Seite 30)